AF224552

ÉPITRE AU PEUPLE

L'EMPIRE

ET

LES OUVRIERS

PAR

JULES AMIGUES

PARIS

IMPRIMERIE F. DEBONS ET Cie

16, RUE DU CROISSANT, 16

—

1877

L'EMPIRE ET LES OUVRIERS

I

Introduction

Nous sommes en république : cela est écrit dans la loi, et c'est le Maréchal de Mac-Mahon qui l'a dit, quoiqu'il ait paru le dire sans beaucoup d'enthousiasme.

Enfin nous sommes en République; mais cette République, en somme, est révisable — c'est la Constitution elle-même qui le déclare en son article 8; — et comme le Maréchal de Mac-Mahon, s'il parvient, par sa haute et ferme autorité, à maintenir l'ordre matériel dans la République, ne saurait parvenir à supprimer ou accorder les prétentions respectives des partis, c'est-à-dire à y rétablir l'ordre moral et à faire de la République un régime normal, paisible et reconnu de tous, nous avons, quant à nous, la conviction qu'il en faudra venir, pour réduire les partis et constituer enfin un gouvernement durable, définitif, national, à la révision de la Constitution par voie d'appel au peuple.

L'Appel au peuple, c'est, comme nul ne l'ignore, la doctrine de l'Empire, qui, lui, est toujours demeuré fidèle au principe de la souveraineté nationale.

Aussi avons-nous l'assurance que la souveraineté nationale, loyalement consultée et libre dans ses décisions, rétablira l'Empire; nous en avons l'assurance, et nous en avons aussi le désir, étant convaincus que l'Empire — dont nous n'oublions pas les malheurs, mais dont nous ne pouvons méconnaître ni les mérites ni les gloires, — peut seul rendre à la France son rang dans le monde et renouer le progrès interrompu de la démocratie.

Cela étant, il nous convient d'éclairer par avance le jugement public en rappelant à la nation ce que l'Empire a été, ce qu'il a réalisé ; d'où elle pourra conclure ce qu'il sera, ce qu'il réalisera encore.

Le sujet étant trop vaste de sa nature pour pouvoir être renfermé en d'étroites limites, il faut nécessairement le fractionner.

Je ne veux donc ici envisager l'Empire que dans ses rapports avec les classes ouvrières, ou quant aux avantages qu'il leur a procurés ; et voulant traiter la question de bonne foi, je m'adresse avec confiance à ces honnêtes travailleurs dont le mensonge républicain n'a pu encore, malgré de détestables efforts, pervertir la native loyauté.

Quiconque est de bonne foi, quiconque se rappelle ce qu'était, il y a trente ans, la condition des ouvriers des champs et de la ville et ce qu'elle était devenue à la fin de l'Empire, ne peut nier que l'Empire n'ait opéré une véritable révolution économique et sociale, au profit des travailleurs.

Cette révolution — qui n'est point achevée, mais que le prochain Empire achèvera — se présente sous trois aspects divers ou, pour parler plus exactement, a procédé par trois ordres de mesures différentes :

1° Les mesures d'ordre politique ou économique général, qui, sans viser expressément les classes ouvrières, ont exercé une influence sur leur situation ; — tels sont, en première ligne, les traités de commerce, qui ont introduit en France le régime du libre-échange ;

2° Les mesures d'ordre civil ou social concernant les classes ouvrières dans leur généralité ; — tels sont, par exemple : la loi sur les coalitions, la suppression du livret des ouvriers, l'abolition de l'article 1781 ;

3° Les mesures d'ordre économique spécial ou de sollicitude publique, prises en vue de satisfaire à des besoins déterminés ou d'alléger des souffrances individuelles ; — telles sont : les subventions accordées à diverses entreprises intéressant les classes laborieuses ; les institutions hospitalières ou de bienfaisance, etc.

Examinons la question sous ces divers aspects.

II

LES TRAITÉS DE COMMERCE. —
LES VOIES DE CIRCULATION.— L'INSTRUCTION PUBLIQUE.

Les traités de commerce de 1860, issus d'une association féconde entre le généreux esprit de Napoléon III et les puissantes facultés de son ministre M. Rouher, sont, on peut le dire, l'œuvre capitale du second Empire.

On a dit pour les combattre, quand il s'est agi de les conclure, et quelques-uns même ont continué de dire, depuis qu'ils sont conclus, que le libre-échange, en ouvrant aux produits étrangers l'accès de notre marché national, devait avoir pour conséquence de diminuer le travail national lui-même, puisque les ouvriers français ne seraient plus appelés à produire ce que nous enverraient les fabricants étrangers.

C'est là un sophisme dont il ne faut point que les ouvriers soient dupes, et qui, d'ailleurs, ne résiste ni à un raisonnement attentif, ni à l'éclatante démonstration de l'expérience.

Le vice de cette fausse argumentation, imaginée par les quelques industriels privilégiés qui bénéficiaient de la prohibition ou des droits restrictifs, consiste en ceci : que, ramenant tout à leurs intérêts individuels, ils ne considèrent l'être humain que par rapport au produit qu'ils fabriquent.

Ils disent, par exemple :

« — Moi, Pierre, fabricant de tissus de fil, je livre à la consommation, chaque année, trois cents pièces de toile, qui me donnent un bénéfice total de 18,000 fr. Si le libre-échange amène, sur le marché où je vends ma toile, cent pièces de toile étrangère coûtant le même prix, il est certain que je ne trouverai plus à vendre que deux cents pièces de toile : de telle sorte que mon bénéfice sera réduit à 12,000 fr. »

Puis ils ajoutent, en faisant semblant de le croire :

« Du même coup, le travail de mes ouvriers sera réduit d'un tiers, c'est-à-dire qu'ils chômeront un tiers de l'année. »

Et ils partent de là pour prétendre qu'en défendant leurs intérêts contre le libre-échange, ils défendent en même temps les intérêts de leurs ouvriers.

Mais ils ne remarquent pas, ou ils affectent de ne pas apercevoir, que les classes ouvrières, — qui sont l'élément le plus considérable de la population et constituent, par conséquent, le plus grand nombre des consommateurs —, ne font pas en ce monde que produire de la toile ; elles y consomment aussi tout ce qui est nécessaire à leur entretien et à leur existence.

Jacques, producteur de toile, est consommateur de denrées alimentaires, d'habits de drap, de souliers, d'outils, de livres, etc.

Or, le libre-échange, qui fait arriver en plus grande quantité la toile sur le marché national, y fait arriver

duits. De cette abondance des produits et de leur libre
concurrence, résulte une diminution générale dans
leurs prix; et il s'ensuit, au profit de Jacques, un
ensemble d'économies dont la totalisation allége considérablement pour lui les charges de la vie, et lui
permet même de réaliser des épargnes.

« — Oui, répond Pierre, le protectionniste, mais
vous avouez que la libre concurrence fera baisser
tous les prix; dès lors, le prix de ma toile diminuera;
mes bénéfices diminueront d'autant, et je ne pourrai
donner à Jacques ni la même somme de travail, ni le
même salaire : — de telle sorte qu'il perdra d'un côté
ce qu'il gagnera de l'autre, et il ne lui servira de rien,
en définitive, que les produits coûtent moins cher,
s'il ne gagne plus de quoi les acheter. »

Pierre continue de raisonner en égoïste et en
sophiste, et il n'est pas malaisé de lui répondre vic-
torieusement.

D'abord, si la libre concurrence contraint Pierre à
baisser le prix de sa toile, cela veut dire qu'il la faisait payer trop cher, et qu'il grevait d'autant, à son
propre profit, le budget des consommateurs nationaux, c'est-à-dire de la masse laborieuse. Et comme
Jean, Paul, Guillaume et bien d'autres, protection-
nistes tout comme Pierre, faisaient de même payer leur
bénéfice aux consommateurs nationaux, il s'ensuit
que le budget de Jacques était grevé de tous ces
bénéfices dont le libre-échange vient l'affranchir :
de telle sorte que, même avec un tiers de travail en
moins, Jacques gagnera plus, en réalité, qu'il ne
gagnait auparavant sans prendre de repos.

Mais il n'est pas du tout vrai, d'ailleurs, que le
libre-échange, en réduisant le prix des marchandises
par la concurrence, fasse diminuer le travail dans la
fabrique; c'est précisément le contraire qui est vrai.

En effet, quand les produits se trouveront, par leurs
prix diminués, plus à la portée du consommateur, il est

clair que le consommateur en consommera davantage.
Jacques, qui ne faisait faire un habit neuf que tous les
trois ans, en fera faire un tous les ans s'il peut l'avoir
un tiers meilleur marché ; il prendra de même chez
Pierre de la toile pour trois blouses au lieu de deux :
— autant de travail en plus pour la fabrique.

D'autre part, sollicité par la concurrence étrangère,
stimulé par le désir de maintenir ses bénéfices à leur
niveau ancien, Pierre refera son outillage, qui était
suranné ; il recherchera les procédés nouveaux ; il se met-
tra à l'unisson du progrès général ; il utilisera des matières qu'il laissait dépérir, des forces qu'il laissait
inactives ; son travail se perfectionnera ; la somme de
ce travail s'accroîtra ; la totalité du travail national
suivra la même progression ; et Jacques — qui per-
sonnifie ici la classe ouvrière — loin de voir le travail lui manquer, sera au contraire sollicité de toutes
parts par les chefs d'industrie : ce qui, non-seule-
ment lui assurera la régularité du travail, mais fera
monter son salaire.

Et ce ne sont point là des hypothèses ; ce sont des
faits que l'expérience a vérifiés.

A la suite des traités de commerce de 1860, le travail national, bien loin d'être affecté et réduit, s'est
développé dans des proportions inouïes, et il nous
suffira, pour que Pierre n'ait plus rien à répondre,
de citer les chiffres officiels par lesquels s'exprime
l'accroissement de la production sous l'Empire : [1]

Si nous prenons les chiffres du commerce général,
qui fournissent la totalisation la plus exacte de l'ac-
tivité nationale et de ses résultats, nous trouvons
que :

Le commerce général, importation et exportation

1. J'emprunte ces chiffres à une statistique publiée en 1869
sous ce titre : *Progrès de la France sous le Gouvernement
impérial d'après les documents officiels.* — Imprimerie impériale, Paris.

réunies, représentait, en 1851, une valeur exacte
de. . . . . Fr. 2.614.500.000
  Il s'élevait en 1866 à. 8.126.100.000
  Si de ces chiffres généraux, dont la comparaison
est si éloquente, nous voulons extraire des chiffres
spéciaux, intéressant telle ou telle branche de commerce, nous trouvons, par exemple, que :
  L'exportation des fils et tissus de toutes sortes, qui
était en 1851 de. . . . . 445 millions
s'éleva en 1866 à. . . . . 919 —
  L'exportation des laines, qui était en
1861 de. . . . . 1 —
s'éleva en 1866 à 33. . . . . 33 —
  L'exportation des sucres raffinés, qui
était en 1851 de. . . . . 10 —
s'éleva en 1866 à. . . . . 70 —
  L'exportation des vins, eaux-de-vie et
liqueurs, qui était en 1851 de. . . . . 130 —
s'éleva en 1866 à. . . . . 339 —
  L'exportation des bestiaux et chevaux,
qui était en 1851 de. . . . . 19 —
s'éleva en 1866 à. . . . . 81 —

  Et comme Pierre nous demandera
sans doute les chiffres corrélatifs pour
les importations, nous lui dirons tout de
suite que :
  L'importation des fils et tissus de tou-
tes sortes, qui était en 1851 de. . . . . 17 millions
s'éleva en 1866 à. . . . . 128 —
  L'importation des farines en masse,
qui était en 1851 de. . . . . 34 —
s'éleva en 1866 à. . . . . 245 —
  L'importation des sucres, qui était en
1851 de. . . . . 29 —
s'éleva en 1866 à. . . . . 126 —
  L'importation des bestiaux, qui était

en 1851 de............................ 6   —
s'éleva en 1866 à........................ 80[1] —

On voit avec évidence, par la comparaison de ces chiffres, que l'ac roissement de l'importation n'a fait que stimuler le développement de l'exportation ; et l'on peut juger ainsi combien est fausse et absurde l'objection de Pierre, quand il vient nous dire que l'importation des produits étrangers fera baisser le travail national.

Pierre désire-t-il encore avoir quelques chiffres spé- ciaux et précis en ce qui concerne l'industrie :

L'industrie française, qui employait, en 1851, 10.384 chaudières à vapeur, d'une force de 70.631 chevaux, en comptait, en 1866, 51.190, représentant une force de 274.936 chevaux.

La production de la houille s'éleva de 44 millions de quintaux métriques à 122 millions, et d'une valeur de 43 millions de francs à 144 millions. Il y avait, en 1851, 33.634 ouvriers occupés aux mines de houille, gagnant 18 millions de salaires ; le nombre de ces ouvriers s'éleva, en 1866, à 78.909, et les salaires à 63 millions.

Le mouvement ne fut pas moins sensible dans la production métallurgique.

La fonte, le fer, la tôle, les aciers et les autres mé- taux représentaient, en 1851, une production de 3.548.538 quintaux métriques et une valeur de 235

---

1. Nous ne faisons pas figurer dans l'importation les vins, eaux-de-vie et liqueurs ; le chiffre n'en a point été men- tionné dans la statistique officielle, parce qu'il est insigni- fiant, de telle sorte que le profit de l'exportation demeure ici tout entier à la France ; et l'accroissement énorme de cette exportation est dû aux traités de commerce.

millions. En 1866, la production fut de 25.286.848 quintaux métriques, et la valeur de 520 millions.

Tels furent les avantages du libre échange pour le producteur.

Veut-on maintenant se rendre compte de la proportion dans laquelle l'abaissement des droits de douane dégreva le budget du consommateur?

Nous trouvons que :

Sur la totalité des marchandises importées, les droits de douane, en 1851, s'élevaient en moyenne à.. 15 0/0

Ils étaient descendus en 1866, à.......... 4 1/2 0/0

Bénéfice pour le consommateur, environ 35 0/0

Sur la totalité des marchandises exportées, les droits de douane s'élevaient en 1851, à... 1/4 0/0

Ils étaient descendus en 1866, à........... 1/100

Bénéfice pour le consommateur.......... 25 0/0

Qu'est-ce que Pierre le protectionniste peut avoir à répondre à ces chiffres écrasants ?

Nous demandera-t-il, dans sa sollicitude sentimentale à l'égard de l'ouvrier, quelle influence la liberté des échanges a eue sur les salaires ?

Nous lui répondrons par le témoignage d'un document qui ne saurait être suspect aux ennemis de l'Empire ; car il a été dressé par un républicain, l'honorable M. Ducarre, député de Lyon, à qui il faut savoir gré de sa sincérité.

Voici ce que nous lisons, à la page 326 de ce document :

« ..... Les salaires, pris dans leur ensemble, se sont accrus en dix-huit ans — de 1853 à 1871, c'est-à-dire du commencement à la fin de la période impériale — dans la proportion de **45 pour cent**, c'est-à-dire d'un peu moins de moitié et de plus des deux cinquièmes ; ce qui équivant à une augmentation annuelle de 2—45 pour cent.

« Il est à croire que, sans les perturbations des années 1870—1871, cette augmentation aurait été plus marquée encore. » [1]

Eh bien, maître Pierre, le protectionniste, l'ami des ouvriers, que dites-vous de cet aveu-là ?

Et, qu'on le remarque, cette énorme augmentation du salaire ne fut pas seulement un avantage matériel.

La condition morale de l'ouvrier en fut relevée d'autant ; car en gagnant en bien-être, il gagna en indépendance. Avant les traités de commerce, les ouvriers, dans les grands centres, étaient à la discrétion de quelques industriels, ou plutôt de quelques entrepreneurs de travail, qui ne travaillaient point par eux-mêmes, mais donnaient du travail aux ouvriers, à raison et dans la limite des commandes qu'ils recevaient. La liberté du commerce transforma ces entreprises ; elle eut pour résultat général la création de grandes usines, où le travail est constant, et que les patrons, pour ne point laisser courir inutilement leurs frais généraux, ne peuvent s'abstenir d'alimenter et faire fonctionner sans relâche. Autour de ces usines, les ouvriers de la campagne, réserves échelonnées de la grande armée industrielle, participent de cette abondance et de cette régularité du travail ; et tous, plus assurés du lendemain, se sentent ainsi plus maîtres d'eux-mêmes.

Quant aux patrons, ils n'ont rien perdu. Ils ont plus de responsabilité, cela est vrai ; mais, outre que les responsabilités trempent le caractère de

1. Rapport fait au nom de la Commission d'enquête parlementaire sur les conditions du travail en France, par M. Ducarre, membre de l'Assemblée nationale ; — Versailles, Cerf et fils, imprimeurs de l'Assemblée nationale, — 1875.

l'homme et stimulent ses activités, les bénéfices d
leurs entreprises se sont considérablement accrus e
compensent équitalement les chances nouvelles qu'il
peuvent avoir à courir.

Sans doute il y eut lieu, dans une grande réform
qui mettait en jeu d'immenses intérêts, de ménage
les transitions, de ne point imposer de trans
formations trop brusques à telle ou telle industrie
spéciale ou locale. Les départements du Nord, pa
exemple, plus directement en contact avec la concu
rence anglaise ou belge, purent légitimement, a
premier abord, s'émouvoir des résultats que pour
raient produire les traités de commerce. Mais l'évé
nement n'a point justifié leurs craintes ; et, sau
quelques difficultés ou souffrances locales, fort inté
ressantes assurément, mais que le bien-être généra
a contribué à apaiser, il demeure certain que le libre
échange, envisagé dans son ensemble, a fait immen
sément de bien sans faire beaucoup de mal ; que le
traités de commerce, œuvre de l'Empire, imprimère
une impulsion inouïe à la production nationale, e
qu'ils furent un grand bienfait pour la masse de
consommateurs, spécialement pour les classes ou
vrières, dont ils diminuèrent les charges et accrurer
les ressources dans une énorme proportion.

A la libre circulation des produits se rattache to
naturellement la création ou le développement d
l'outillage nécessaire au transport de ces produits.

Sans nous arrêter outre mesure sur ce point in
portant, nous nous contenterons de noter les chiffre
principaux relatifs à l'accroissement des voies de ci
culation pendant la période impériale.

La longueur totale des routes impériales, route
départementales et chemins vicinaux de grand
communication à l'état d'entretien, était en 185
de .... 120.578 kilomètre

Elle s'élevait en 1868 à........   160.941 kilomètres

La longueur totale des chemins
de fer à l'état d'exploitation était
en 1851 de......................   3.546   —

Elle s'élevait en 1868, à........   16.260   —

Ces facilités immenses et nouvelles offertes à la circulation eurent pour résultat naturel : d'une part, d'abaisser le prix des matières premières, de l'autre, de favoriser l'écoulement des produits ; — double profit pour le travail.

L'instruction publique exerce aussi une action directe sur le travail, puisque, plus elle est facile et répandue, plus le travail s'élève, s'éclaire et se moralise.

Le nombre des écoles primaires publiques et libres
était, en 1850, de........................   60.579

Ce nombre s'éleva, en 1866, à............   70.471

Les salles d'asiles recevaient,
en 1850........................   156.841 enfants

Elle recevaient en 1866............   432.131   —

Si, en manière de complément à notre thèse en faveur de l'Empire, nous entreprenions de citer, en regard des chiffres que nous venons d'inscrire, les chiffres corrélatifs de la période républicaine, il en ressortirait d'instructifs aperçus. Nous nous contenterons d'en donner un spécimen, et nous citerons, d'après le *Journal officiel* du 16 janvier 1877, l'état des exportations pendant l'année 1876, comparé à celui de 1875.

En 1875, les exportations avaient
été de..........................   3.872.632.000 fr.

En 1876, elles ont descendu à...   3.569.891.000 —

Ainsi, d'une année à l'autre, les exportations ont baissé de 302.741.000 francs.

C'est déjà bien honnête, mais ce n'est pas tout :

Le mouvement du commerce général, exportation et importations réunies, a été, en 1876, de................................ 7.520.065.000 fr

Nous avons vu que dix ans plus tôt, sous l'Empire, le même mouvement était de...... 8.126.100.000 fr

Soit 606 millions en moins au compte la République.

Telle est la « prospérité croissante, » attestée naguère par M. Thiers et ses caudataires en économie politique républicaine.

En ce qui concerne les chemins de fer, chacun sait que la République ne compte à son actif que cette impuissante tentative du second réseau, qui a abouti à la ruine de plusieurs Compagnies et au scandale de MM. Ordinaire et Gambetta.

En fait d'instruction publique, force dissertations à perte de vue, sur le « laïque, » le « gratuit » et « l'obligatoire; » un vote républicain contre la liberté de l'enseignement supérieur : tel est tout l'actif de la République.

Et tel est, en ce qui concerne les progrès du commerce, de l'industrie, des chemins de fer et de l'instruction, le bilan comparatif de la République et de l'Empire [1].

1. Afin de ne pas m'étendre outre mesure, j'ajoute simplement en note, et pour mémoire, dans l'ordre des faits généraux relatifs à l'amélioration de la condition des classes ouvrières sous l'Empire :

1° La suppression de l'échelle mobile, qui appliqua les principes du libre-échange à la délicate question de l'alimentation publique et répartit sur la population tout entière les avantages des récoltes abondantes;

2° L'essai libéral introduit dans le commerce de la boulangerie et de la boucherie;

3° L'institution de la Caisse de la boulangerie, qui permit

III

LA LOI SUR LES COALITIONS. — LE DROIT DE RÉUNION. —
LE LIVRET OBLIGATOIRE. — L'ARTICLE 1781. — LA LO
SUR L'ASSISTANCE JUDI CIAIRE.

J'en viens aux mesures prises par l'Empire, spécialement en faveur des classes ouvrières.

Ici, je pourrai être bref, car les faits n'ont pas besoin de développements scientifiques ou statistiques : ils parlent d'eux-mêmes.

J'ai dit que la liberté des échanges avait considérablement contribué à relever la condition matérielle et morale des classes ouvrières. Mais leur situation légale était encore embarrassée d'entraves, entachée d'inégalités, d'infériorités, d'humiliations : vestiges d'un autre âge, que la révolution de 1789 avait laissé subsister.

L'Empereur ne voulut point de parias dans le peuple : les ouvriers n'étaient encore que des affranchis ; il en fit des hommes libres.

Avant l'Empire, il était défendu aux ouvriers de se

dans les années de disette, de maintenir le prix du pain au-dessous de la mercuriale, sauf à reconstituer les différences dans les années de fertilité ;

4º Enfin l'accroissement imprimé, par le développement de la richesse publique, à l'institution des Caisses d'épargne. En 1847, il y avait, dans toute l'étendue du territoire, 364 caisses d'épargne et 175 succursales ; en 1867, on comptait 513 caisses et 585 succursales. Le nombre des livrets existant au 31 décembre 1847 était de 736.951 ; il était de 1.847.693 en 1867. Le capital appartenant aux déposants s'était élevé, dans la même période, de 358.405.924 fr. à 570.869,179 fr.

concerter pour obtenir une hausse dans les salaires
tandis que les patrons avaient toute liberté de s'en
tendre pour les faire baisser. Les assemblées républi
caines de 1789 avaient arrangé cela ; l'Assemblée répu
blicaine de 1849 l'avait confirmé : — c'est l'Empire qu
a substitué la législation démocratique de l'égalité
la législation républicaine du privilége.

Désormais, de par la loi des coalitions, les ouvrier
peuvent librement débattre avec les patrons le pri
de leur travail ; et le droit de coalition forme, à ce
égard, le complément et la contre-partie de la libert
des échanges. La liberté des échanges accroît le tra
vail et fait baisser le prix général des objets de con
sommation ; la loi sur les coalitions permet à l'ou
vrier de faire élever son salaire : tout l'affranchis
sement des classes ouvrières est compris dans ce
deux termes-là.

Le droit de réunion est venu compléter le droit d
coalition. Les ouvriers, au lieu de tirer sagement par
de ce droit, l'ont laissé se corrompre entre leu
mains et fournir matière aux déclamations des ag
tateurs et aux intrigues des ambitieux ; mais cela n
fait point que le droit n'existe, qu'il ne puisse leu
servir — quand ils sauront en user — à débattre
régler leurs intérêts, et qu'ils ne doivent à l'Empire
précieux avantage.

La loi sur les associations et la tolérance accorde
aux chambres syndicales vinrent encore accentue
dans le même sens, la politique libérale de l'Em
pire.

Au même ordre d'idées appartient la suppression d
livret *obligatoire*.

La législation antérieur à l'Empire soumetta
l'ouvrier à l'obligation ne se lacer d'une ville
l'autre, d'un atelier à l'autre, qu'avec une sorte d

laissez-passer spécial et contraint, dont la rédaction était confiée aux patrons, et le contrôle aux autorités de police. C'était là une de ces humiliantes infériorités qui faisaient de l'ouvrier une classe sociale à part, c'était là une contradiction manifeste et criante au principe d'égalité.

L'Empereur prit sur lui d'en proposer l'abolition. Il le fit en ces termes, dans un discours plein d'élévation et de noblesse, qu'il prononça en séance du Conseil d'État, le 23 mars 1869 :

« La suppression des livrets, réclamée surtout comme une satisfaction morale, afin d'affranchir les ouvriers de gênantes formalités, complétera la série des mesures qui les placent dans le droit commun et les relèvent à leurs propres yeux. »

Les événements de 1870 vinrent empêcher que les intentions de l'Empereur ne fussent sanctionnées en la forme législative; mais le livret n'en était pas moins virtuellement aboli par l'Empire. Il semblerait que l'une des premières préoccupations de la représentation républicaine dût être de consacrer cette abolition. Elle n'en a rien fait, et le livret des ouvriers continue d'être, après six mois de dictature républicaine et sept ans de République, légalement obligatoire.

L'Empire raya du Code civil l'article 1781, aux termes duquel le témoignage du patron prévalait, en justice, sur celui de l'ouvrier et du domestique. Jusqu'à l'Empire, les Assemblées républicaines avaient trouvé tout naturel que l'ouvrier fût considéré comme menteur quand il attestait autre chose que ce qu'affirmait le patron. Il appartenait à l'Empire de rendre légalement l'honneur aux pauvres et — comme le dit l'Empereur dans le discours du 24 mars 1869 que je viens de citer — « d'accréditer enfin la parole des ouvriers devant la justice. »

Avant l'Empire, l'ouvrier qui n'avait pas les moyens de faire valoir ses droits en justice, et de payer un défenseur lorsqu'il était attaqué, frustré ou spolié, se voyait contraint de courber la tête devant ses oppresseurs et de subir leurs iniques exigences. La loi sur l'assistance judiciaire, due à l'initiative de l'Empereur, assure aujourd'hui aux indigents l'appui gratuit de la justice.

Ainsi l'Empire donna aux ouvriers :
L'égalité industrielle, par la loi des coalitions ;
L'égalité politique, par le droit de réunion ;
L'égalité sociale, par la suppression du livret obligatoire ;
L'égalité civile, par l'abrogation de l'article 1781 ;
L'égalité juridique, par la loi sur l'assistance judiciaire ;
L'égalité morale, par l'ensemble de ces lois.
N'avons-nous pas le droit d'attester, après cela, que l'Empire seul a su servir les véritables intérêts de la démocratie, et de répéter après Proud'hon — un vrai démocrate celui-là ! — que les républicains ne sont que des « blagueurs ! »

IV

MAISONS OUVRIÈRES. — SOCIÉTÉS COOPÉRATIVES. — SOCIÉTÉS DE SECOURS MUTUELS. — ÉTABLISSEMENTS DE BIENFAISANCE. — SUBVENTIONS, ETC.

Il me reste à signaler les œuvres par lesquelles l'Empire et l'Empereur témoignèrent de leur sollicitude pour les classes laborieuses : les fondations économiques ou sociales, les encouragements publics à des entreprises ou associations privées, les institutions de crédit, de bienfaisance ou de charité.

Pour ne point fatiguer l'attention du lecteur, je procéderai ici par voie de simple énumération.

En embellissant Paris, ou pour mieux dire en le reconstruisant, l'Empereur ne voulut point que la population ouvrière fut oubliée dans cette répartition nouvelle de l'air, de la lumière et de la santé. Il ordonna que l'on réservât des emplacements pour plusieurs cités ouvrières ; il fit bâtir, boulevard Mazas, plusieurs maisons destinées à des ménages laborieux ; il fit don à la « Société immobilière des ouvriers » de 41 maisons, situées avenue Daumesnil et construites sur un plan spécial.

En 1850, une loi est votée concernant l'assainissement des logements insalubres.

En 1852, 10 millions sont affectés à l'amélioration des logements d'ouvriers dans les villes manufacturières, et, dans cette même année, l'Empereur fonde un prix en faveur de l'architecte qui présentera le meilleur projet de logement pour l'ouvrier.

En 1854, une somme de un million cinq cent cinquante mille francs est affectée à la construction de 182 maisons ouvrières.

En 1859, l'Empereur donne, sur sa cassette particulière, une somme de cent mille francs pour la construction et l'assainissement des habitations ouvrières de Lille ; il envoie, pour le même objet, cinquante mille francs à Bayonne et dix mille à Amiens.

Quelles habitations les républicains ont-ils bâties pour les ouvriers ? Des pontons et des casemates !

Préoccupé sans relâche des devoirs de la société envers les classes pauvres, tourmenté du désir d'atteindre dans sa source le fléau du paupérisme par le développement du travail et des œuvres de prévoyance, l'Empereur stimule de toute sa sollicitude et encourage de son appui financier la création de sociétés coopératives, qui devaient, dans sa pensée, « opposer la solidarité des salaires à la solidarité des capitaux [1]. »

L'empereur souscrit encore pour une somme de cinq cent mille francs, dans le capital d'une caisse destinée à prêter aux ouvriers de l'argent au taux de la banque de France. Il accorde aux sociétés coopératives lyonnaises une subvention de trois cent mille francs : — pourquoi ne le dirais-je pas? une maison appartenant à l'Impératrice, et sise rue de l'Élysée, est, encore au-jourd'hui, hypothéquée à raison de l'emprunt de cette somme, que l'Empereur n'avait point personnellement disponible au moment où elle lui fut demandée.

En parallèle de ces faits, que l'on nous dise quel encouragement, quel secours matériel ou moral la République a prêté aux associations coopératives, qui vont l'une après l'autre périclitant et tombant en déconfiture?

La liste est longue des œuvres de charité auxquelles les noms de l'Empereur et de l'Impératrice demeurent attachés.

En 1852, l'Empereur fonde l'Orphelinat de Versailles.

Un décret du 22 janvier de cette même année constitue, en faveur des sociétés de secours mutuels, une dotation de dix millions qui, depuis, a été convertie en une rente perpétuelle de 437.500 francs.

Un autre décret du 26 mars 1852, en vue de propager l'institution de la mutualité dans toutes les communes de France, confère de nombreux avantages à

[1]. Discours du 23 mars 1869.

celles de ces sociétés qui feraient approuver leurs statuts. Ajoutons qu'en 1856, à l'occasion de la naissance du Prince Impérial, l'Empereur dota d'une nouvelle somme de 500.000 francs le fonds de retraite des sociétés approuvées.

Au 31 décembre 1867, les sociétés de secours mutuels étaient au nombre de 5.829, dont 4.127 approuvées. Leur personnel se composait de 112.205 membres honoraires et de 750.000 membres participants. Leur avoir s'élevait au chiffre énorme de 46.310.791 francs.

Le 17 décembre 1852, l'Empereur crée, sur sa cassette particulière, trois établissements de bains et lavoirs publics dans les trois quartiers les plus pauvres de Paris. En même temps, l'Empereur invite la Ville de Paris à affranchir de l'impôt mobilier tous les loyers au-dessous de 400 francs.

En 1853, l'Impératrice consacre une somme de cent mille francs à la création de nouveaux lits à l'hospice des Incurables.

Antérieurement à 1851, le service de la médecine gratuite en faveur des populations rurales n'était organisé que dans deux départements : la Moselle et le Loiret. En 1868, il existait dans cinquante départements. Depuis, il n'a reçu aucune extension.

En 1853, un service analogue de traitement à domicile pour les malades pauvres dans Paris fut créé sous les ordres de l'Empereur Napoléon III.

Un décret du 2 février 1853 plaça les Sociétés de charité maternelle, — destinées à secourir les femmes pauvres en couches, — sous la présidence et sous la protection de l'Impératrice, de qui elles reçurent une somme de cent mille francs. Chaque année, au 15 août et au 16 mars, l'Empereur accordait à chacune de ces sociétés une subvention d'environ mille francs.

En 1854, fondation, dans le faubourg Saint-Antoine,

de l'hospice Sainte-Eugénie. C'est aussi sous le patr[onage]
nage spécial de l'Impératrice que se place la char[i]
table institution de ces Crèches, qui donnent au[x]
mères la liberté du travail pendant le jour et leu[r]
rendent, le soir, les caresses de leurs enfants.

En 1855, le château de Saverne est restauré, au[x]
frais de l'Empereur, pour servir d'asile aux veuves [et]
aux filles des fonctionnaires civils et militaires mor[ts]
au service de l'État.

En 1856, ouverture de la maison Eugène-Napoléo[n]
où plus de cent jeunes filles reçoivent une éducatio[n]
professionnelle. Le fonds affecté à cette création [a]
une origine qui mérite d'être mentionnée : il provie[nt]
d'un vote du Conseil municipal de la ville de Pari[s]
qui avait pour objet l'acquisition d'un collier de di[a]
mants destiné à l'Impératrice. L'Impératrice, en r[e]
merciant le Conseil municipal, n'accepta la somm[e]
que pour la consacrer à une œuvre de charité.

Ce n'était pas assez pour l'Impératrice que les o[r]
phelins fussent assistés dans leurs besoins matériel[s]
Abandonnés à eux-mêmes, ils pouvaient tourner [à]
mal et tomber dans le vice : pour les protéger et a[s]
surer leur avenir moral, il fallait leur donner u[ne]
famille. C'est dans ce but que fut créé, en 1856, l' « O[r]
phelinat du Prince-Impérial », qui jouissait d'une dot[a]
tion annuelle de 30.000 fr. sur la cassette de l'Emp[e]
reur et qui comptait trois cents bénéficiaires, chac[un]
doté d'une petite pension annuelle qu'il apport[ait]
dans la famille où il était accueilli comme fils adopt[if].

C'est pareillement sur l'initiative de l'Impératrice q[ue]
fut instituée la « Société du Prince Impérial. » Établie [en]
1862, dans le but de faire aux ouvriers sans autre r[i]
chesse que leurs bras et leur honnêteté, des avanc[es]
pour l'achat de mobilier, outils et matières première[s]
la Société du Prince Impérial avait prêté, à la date [du]
16 décembre 1867, une somme totale de 4.369.123 [fr.]

Inutile de dire que cette Société n'existe plus a[u]

jourd'hui et qu'elle n'a été remplacée par aucune autre Société rendant aux ouvriers les mêmes services.

Une loi du 11 juillet 1868 institua, avec le concours de l'État, des caisses destinées à faciliter les plus petites assurances, c'est-à-dire à donner aux ouvriers des villes et des campagnes, moyennant de très-modiques cotisations annuelles, les moyens de s'assurer des pensions viagères en cas d'accidents suivis d'infirmités, ou de garantir, en cas de mort, des secours et un modeste capital à leurs veuves et à leurs enfants.

Dans cette même année 1868, l'Empereur, en vue d'alléger les misères de l'hiver, eut l'idée d'ouvrir, dans la plupart des arrondissements de Paris, des « fourneaux économiques ». Le succès de cette œuvre, qui, grâce à d'ingénieuses combinaisons, était bienfaisante sans être ruineuse, fut tel qu'un grand nombre de villes de la province et de l'étranger s'empressèrent de l'imiter.

Pendant l'hiver de 1868, il fut distribué, par les fourneaux économiques de Paris, 6,854,246 portions au prix uniforme de 5 centimes la portion : ce qui mettait le repas d'un ouvrier à 25 centimes, soit une économie d'environ 75 0/0 sur les prix moyens.

M. Thiers, toujours généreux pour la « vile multitude », laissa vendre le matériel de ces fourneaux, les jugeant inutiles.

Il me resterait à signaler bien des œuvres, bien des actes animés d'une haute pensée de bienfaisance souveraine : les asiles du Vésinet et de Vincennes pour les ouvriers convalescents ; la création des aumôniers des dernières prières, qui donnaient aux pauvres le suprême adieu sur le bord de la tombe, et que la République a supprimés ; les Caisses de retraite, — premier essai pratique de l'institution des Invalides civils —, destinées à assurer l'existence de l'ouvrier quand est venu pour lui l'âge du repos ; l'abaissement des impôts de répatition et l'allégement des petites patentes par la loi e 1863 ; la fondation des bourses communales, dépatementales et nationales, pour les enfants pauvres qui se distinguaient dans leurs études successives ; la construction de l'Hôtel-Dieu ; les améliorations intrcduites dans le régime des hospices et dans l'administration de l'assistance publique, etc., etc.

Je ne parle pas davantage des encouragements accordés aux savants peu fortunés, aux agriculteurs moins aisés qu'entreprenants, aux inventeurs sans ressources ; non plus que des munificences octroyées aux communes, aux associations charitables, aux infortunes individuelles : — plus de cinq millions par an étaient affectés par l'Empereur à ces diverses destinations.

J'en ai dit assez, je pense, pour établir combien étaient constantes les sollicitudes de l'Empereur pour les ouvriers ; combien les destinées du peuple l'intéressaient ; combien il était pénétré, dans son âme chrétienne et dans son esprit souverain, de ses responsabilités envers le plus grand nombre ; j'en ai dit assez aussi pour qu'il fût permis, si les classes laborieuses méconnaissaient de telles affections et de tels services, de leur rappeler avec tristesse la parole amère de Proudhon : « Plus le peuple éprouve de bien-être, moins il montre de reconnaissance ».

V

Conclusion

Avant de finir pourtant, bon peuple — j'ose te parler ici comme faisait l'Empereur, qui avait coutume de dire : « Le peuple est bon », — il me reste à récapituler les justes griefs que tu peux invoquer contre l'Empire, et les éclatants bienfaits que tu dois à la révolution qui l'a renversé.

Sous l'Empire, tu nommais et confirmais l'Empereur, qui n'était ainsi, en réalité, que *le premier magistrat de la République* ; et appuyé sur les pouvoirs qu'il tenait de ta délégation souveraine, ce magistrat jouait un grand rôle dans le monde ; il occupait, parmi les puissances, le premier rang comme modérateur et comme arbitre, et tu participais ainsi, par le plus haut de tes mandataires, à la direction générale de l'humanité : c'est-à-dire que la suprématie politique du globe appartenait à la démocratie française.

Aujourd'hui, sous la République, et quoique la République soit gouvernée par un illustre Maréchal de l'Empire, la France ne compte plus guère pour grand'chose dans la politique générale, et les questions que résolvait autrefois l'autorité de la France sont tranchées maintenant par le glaive impérial-royal de Guillaume de Prusse, que tient et manie la main féodale du prince de Bismarck.

Voilà pour l'extérieur.

Passons à l'intérieur.

Sous l'Empire, la stabilité des institutions et la confiance publique, qui en était la conséquence, assuraient la régularité du travail et te procuraient le bien-être.

Aujourd'hui, sous la République, l'incertitude et l'anxiété générale paralysent le travail et te procurent le malaise.

Sous l'Empire, la liberté des échanges, la circulation largement ouverte aux matières premières, fournissaient à tes activités un aliment inépuisable, en

même temps qu'elles tempéraient ces impôts d[e]
consommation, qui pèsent si lourdement sur les pe[-]
tites bourses.

Sous la République, tu sais avec quelle unanimit[é]
tes bons amis de la gauche libérale et radicale, pou[r]
complaire aux théories antiques de leur très-che[r]
maître M. Thiers, votèrent l'impôt sur les matière[s]
premières, qui, en renchérissant tous les produits[,]
vint grever de charges nouvelles l'incertain ou l[e]
néant de ton pauvre budget.

Sous l'Empire, tu n'avais d'armes, il est vrai, qu[e]
pour la défense de la patrie, non pour l'émeute, e[t]
Dieu sait ce que les Bertrands dont tu étais le Rato[n]
dépensèrent de ruse et d'intrigue et de bavardag[e]
pour te faire avoir des armes, afin de leur conquéri[r]
le pouvoir.

Sous la République, tu connus la satisfaction d'avo[ir]
des armes ; mais ceux-là même qui te les avaien[t]
données te les ont reprises ; et, pour te les repren[-]
dre, Dieu seul pourrait dire combien ils t'ont tiré d[e]
sang !

Sous l'Empire, tu portais, en ta qualité de pauvr[e]
diable, la plus lourde charge du service militaire ; —
mais la faute, qu'il t'en souvienne, n'en était point [à]
l'Empire, qui proposa d'abolir le remplacement e[t]
voulut instituer le service obligatoire ; la faute en fu[t]
aux égoïstes et imprudents législateurs qui, rebelle[s]
aux vues réformatrices de l'Empire, défendirent âpre[-]
ment, contre l'égalité démocratique, la peau des petit[s]
crevés et l'arche sainte du Veau d'or.

Sous la République, tes nouveaux représentant[s]
attestent et proclament avec enthousiasme le patri[o-]
tique devoir du service obligatoire et identique pou[r]
tout le monde, — en vertu de quoi, bon peuple, [et]
cette fois au nom de l'égalité, il y a de pauvres jeune[s]

gens qui, ayant eu la disgrâce de naître riches, ont le chagrin de ne servir qu'un an, tandis que tu as l'avantage et la gloire de servir cinq ans, toi, qui as eu la fortune de naître misérable ; c'est-à-dire que, toujours par la vertu de tes législateurs, tu continues d'acquitter, comme jadis, la grosse part de l'impôt du sang, avec cette différence pourtant : que tu n'as plus même, comme jadis, la triste faculté de pouvoir remplacer un plus fortuné que toi, et de lui faire payer, en écus sonnants, ta servitude volontaire.

Sous l'Empire, la suppression du livret obligatoire, la réforme libérale des Codes civil et pénal, la loi des coalitions, la loi sur les associations coopératives, les encouragements accordés aux délégations et aux Chambres syndicales d'ouvriers, les registres de la Légion d'honneur ouverts, pour la première fois, aux mérites du travail manuel : tous ces actes, dus à l'initiative impériale, avaient puissamment relevé la condition morale et matérielle des classes laborieuses.

Sous la République, les améliorations légales apportées au sort des travailleurs se résument en ces trois points : — la loi de M. Favre sur les associations ; — les fusillades de Paris ; — les pontons de Brest et de Cherbourg.

Sous l'Empire, tes amis d'alors réclamaient pour toi, à grand renfort de plaidoyers radicaux, les libertés communales.

Sous la République, tu as, à Paris et ailleurs, tel conseil municipal qui te nourrit du pain de l'esprit et dispute, à chaque nouvelle lune, sur l'instruction laïque, intégrale et obligatoire, mais dédaigne pour toi le pain du corps et met à la ferraille les fourneaux à bon marché ; qui n'achève point tes rues, suspend les travaux de construction, met sur le pavé les ouvriers par centaines de mille et, au bout de sept ans, n'en

sait faire vivre quelques milliers qu'en reprenant le
travaux commencés par l'Empire et qu'on trouvai
sous l'Empire, inutiles et abominables.

Sous l'Empire, Paris, capitale de la France et d
monde était comme un vaste caravansérail, où afflua
la richesse universelle, où les magasins resplendi
saient, où chaque rue était une fête, où la plus pauv
échoppe chantait au coin des carrefours, où l'or ci
culait et montait du comptoir à la mansarde, où le
gaietés un peu hardies du boulevard avaient léu
échos jusque par delà les barrières.

Sous la République, Paris décapitalisé s'agite
brille encore au centre, mais commence à dépérir p
les extrémités ; le boulevard est un peu plus obscèn
mais les barrières ne sont plus aussi joyeuses ; l
hauts quartiers deviennent déserts ; les boutiques s
ferment, plus nombreuses de jour en jour ; et, e
dépit de la fameuse « prospérité croissante », le gran
commerce souffre, le petit commerce languit, le tr
vail agonise, et Paris s'enivre encore, mais ne chan
plus.

Sous l'Empire, des institutions bienfaisantes, org
nisées, pour la plupart, par la prévoyance charitab
du chef de l'État, secouraient ceux de tes enfants
qui la fortune était plus ingrate et la vie plus dif
cile.

Aujourd'hui, sous la République, ces institutio
sont en liquidation ou en déconfiture, et ce ne sera
le testament de M. Thiers ni le *suc* de M. Gambet
qui en refera la dotation.

Sous l'Empire, enfin, l'échelle toute entière des i
stitutions était faite pour t'aider à monter ; tu éta
libre, sous la condition de respecter la loi; tu éta
l'égal de quiconque ; le travail ne te manquait poin

et l'épargne, acquise par ce travail, fécondée par ton intelligence native, pouvait te conduire à l'aisance, voire même à la richesse.

Sous la République, personne ne songe à toi, si ce n'est au moment des élections, quand il s'agit de te mettre dedans pour obtenir ton vote ; on te promet tout, et tu n'as rien ; le travail manque ; l'angoisse est assise à ton foyer ; ta femme est triste ; tes enfants ont faim ; et la République te donne à choisir : si tu patientes, la mort par la misère ; si tu te révoltes, la mort par le fusil.

C'est-à-dire qu'en somme, bon peuple, vaincu à l'extérieur, avec l'Empire, dans la funeste journée de Sedan, tu as consommé toi-même ta défaite à l'intérieur, dans cette folle journée du 4 septembre, où tu t'es fait l'allié de tes pires ennemis, les faiseurs révolutionnaires et les avocats soi-disant républicains, contre l'Empire démocratique, qui était ton œuvre et ta force, et par qui tu régnais !

Ah ! malheureux peuple ouvrier, marchepied de toutes les ambitions, instrument de toutes les intrigues, dupe de tous les mensonges, éternel et aveugle croyant à toutes les mystifications du gobelet révolutionnaire, — tu t'es laissé follement enivrer de haine contre César, qui t'aimait d'amitié tendre ; tu t'es fait fouailler par la main sèche et dure d'un Sylla en lunettes d'or ; tu t'es laissé prendre aux œillades équivoques de quelque faux Brutus qui chante, du haut des balcons, la sérénade à la fraternité, pendant que celle-ci grouille et se morfond et se crotte dans la rue ; tu écoutes aujourd'hui la voix des hideuses sirènes révolutionnaires qui de loin, par dessus les frontières, te chantent des chants de haine et de mort, de vengeance et d'incendie !...

Hélas ! où tout cela te mène-t-il ?... A quel degré d'avilissement vas-tu descendre, et que sera-t-il bien-

tôt de ce grand être vivant et fier qui, durant tant d
siècles, s'appela dans l'histoire de ce beau nom : l
peuple français ?

Mais non!... tout cela va finir ; et déjà ta raison, qu
peu à peu s'éveille, chasse les fumées sanglantes d
ce long et mauvais rêve. Ramené par le malheur a
sentiment du réel, tu te prends enfin à méditer su
tes propres erreurs ; et ces choses que nous te dison
tout haut, tu te les dis à toi-même tout bas. Puis, Cé
sar s'est endormi dans l'exil où l'avait jeté ton ingra
titude, et la mort, « qui fait tout voir au vrai jour,
a mis l'immortelle auréole sur le front de ce gran
insulté. Tu sais maintenant que celui-là était ton am
et que ses ennemis étaient tes exploiteurs. Tu com
pares, dans le morne recueillement de ta misère, l
présent au passé, et ce passé, que tu regrettes sans l
dire, tu songes, avec une secrète espérance, qu'
peut être encore l'avenir.

Car le prince du peuple a laissé un fils, un fils e
qui vivent ses instincts, sa pensée, son âme, sa bonté
son amour des faibles, ses facultés d'indulgenc
et de pardon ; un fils qui t'appartient, parce qu'il es
l'incarnation même de la souveraineté du peuple
Aussi, un jour, — et ce jour n'est pas loin, — quan
tu auras assez réfléchi, ayant assez souffert, tu rap
pelleras ce fils, d'une acclamation enthousiaste et una
nime. Ce jour-là, jour de réparation et de justice, e
même temps que jour de paix et de réconciliation, c
jour-là sera l'unique revanche de l'Empire ; et la ven
geance que tirera de toi le fils de César, pour le ma
que tu as fait à son père, sera de te rendre au centu
ple le bien que son père t'avait fait.

JULES AMIGUES.

DU MÊME AUTEUR :

L'HOMME DE SEDAN

BROCHURE IN-16.